Les éditions Crayonas

Cahier de coloriage

Les Avions

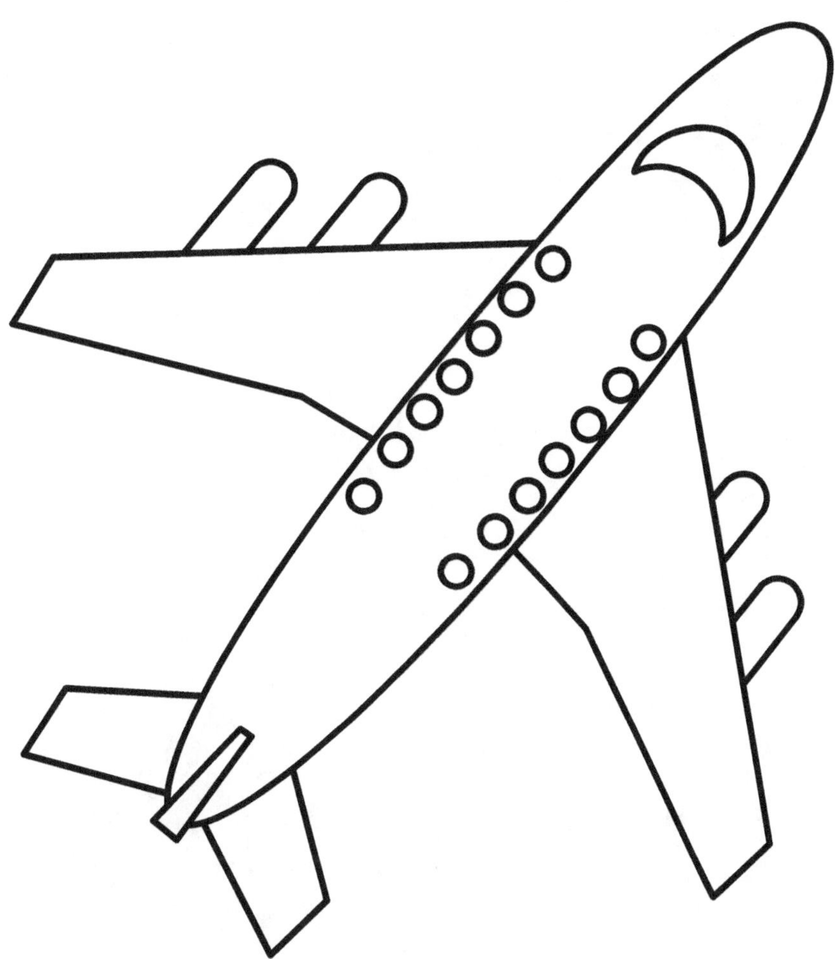

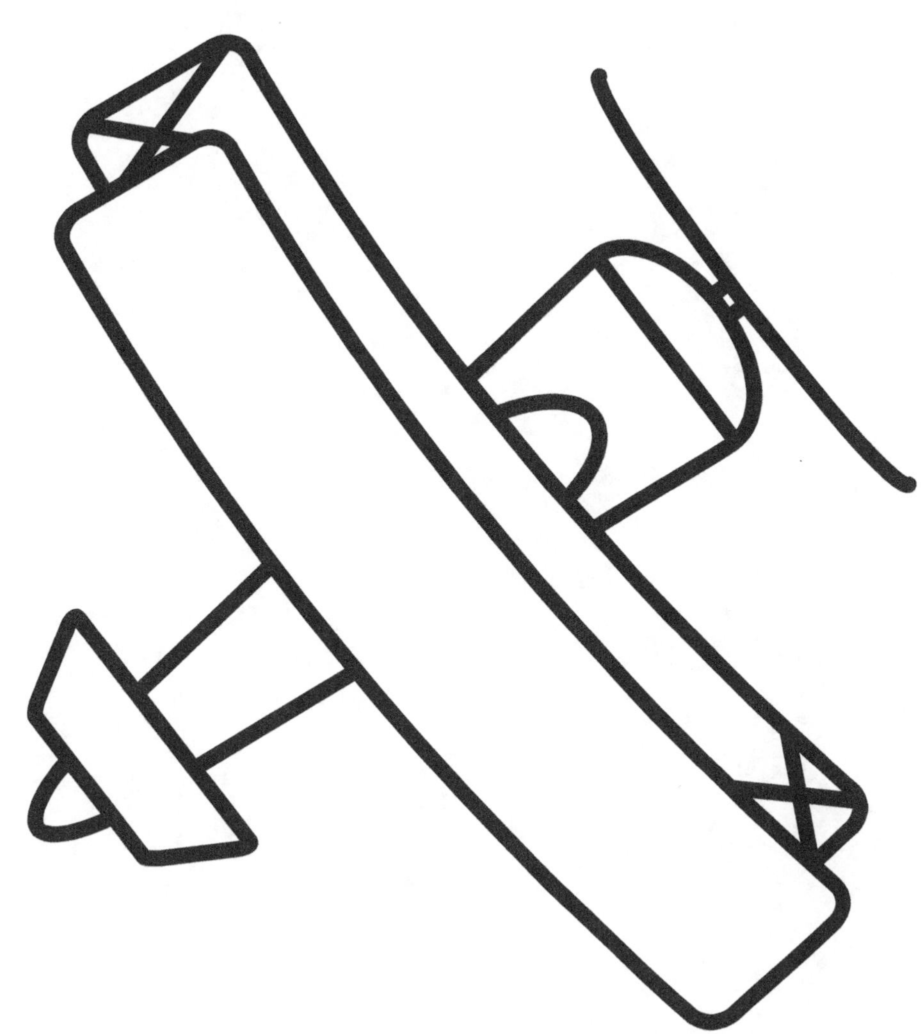

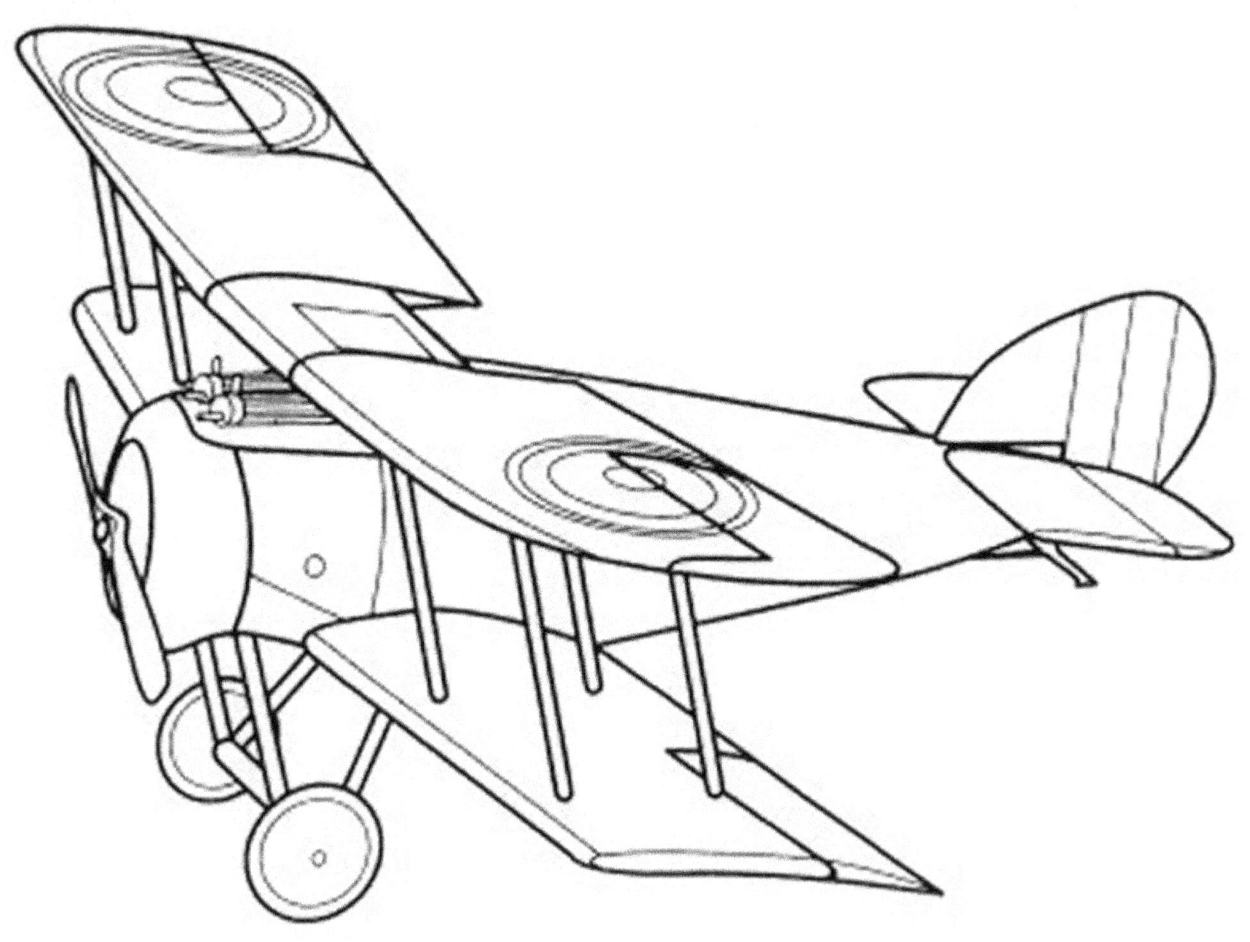

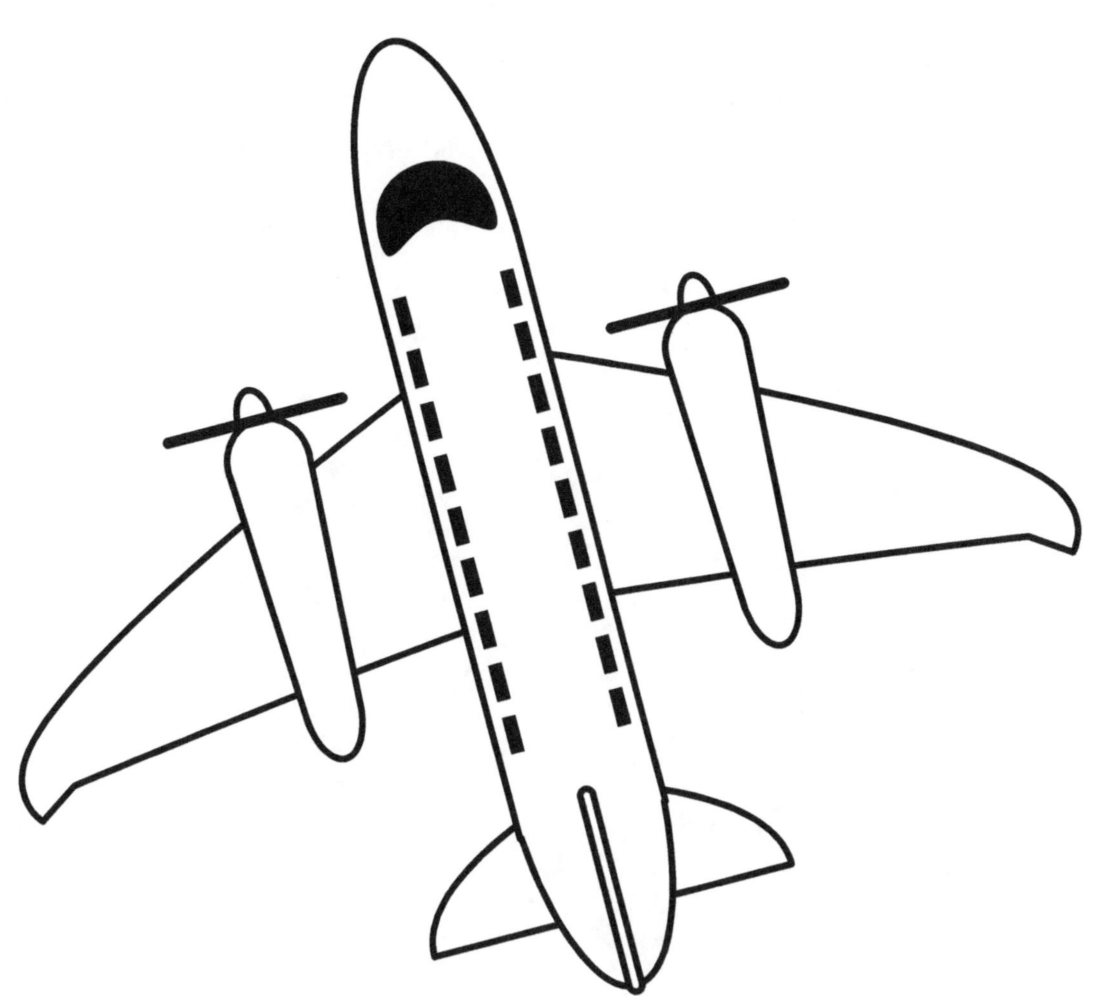

2

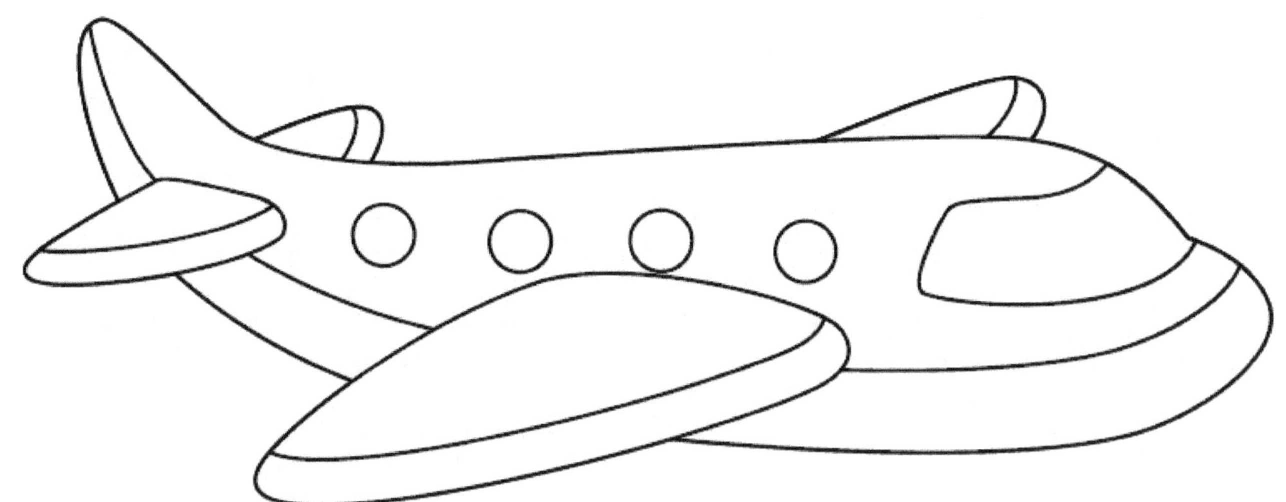

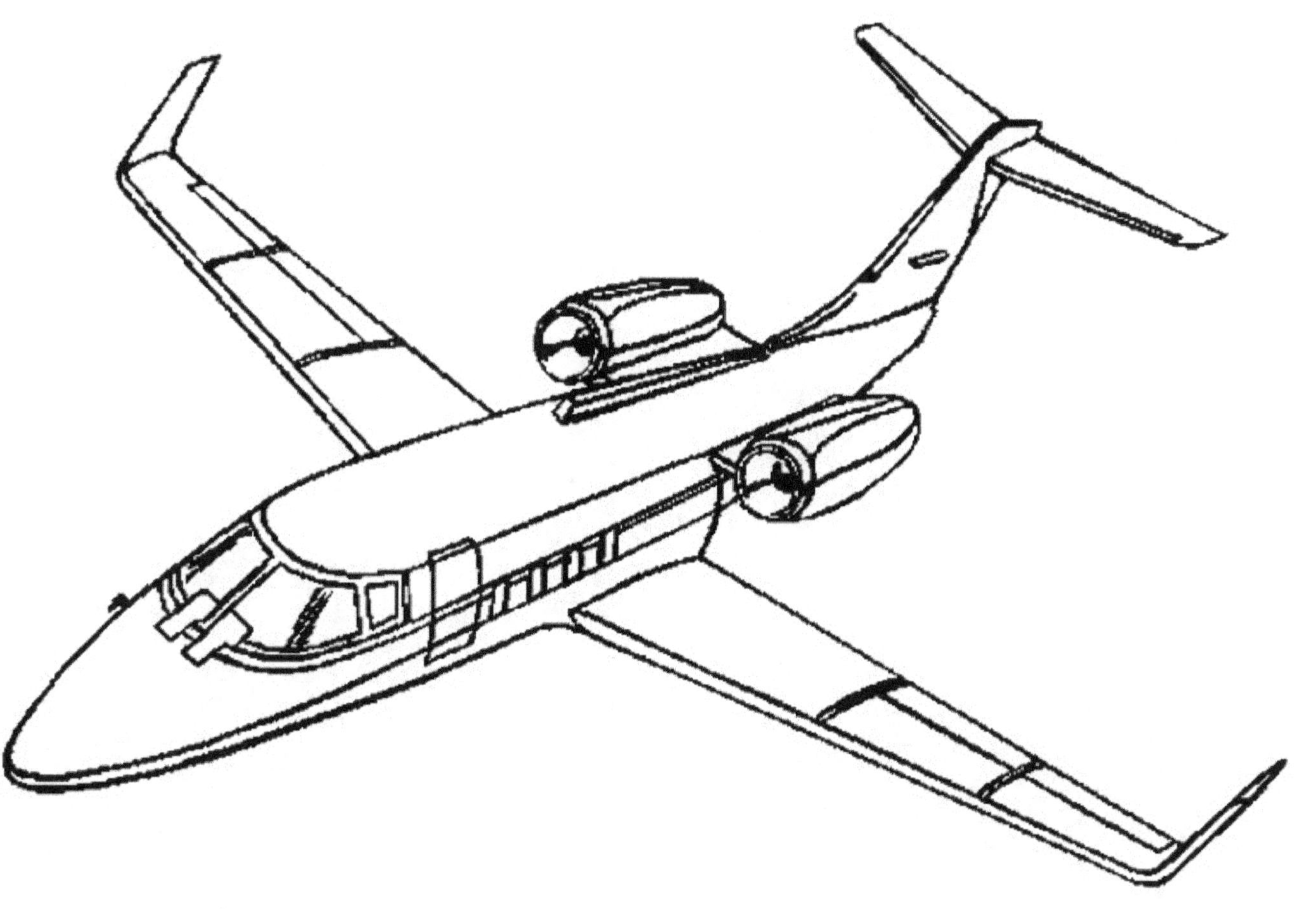

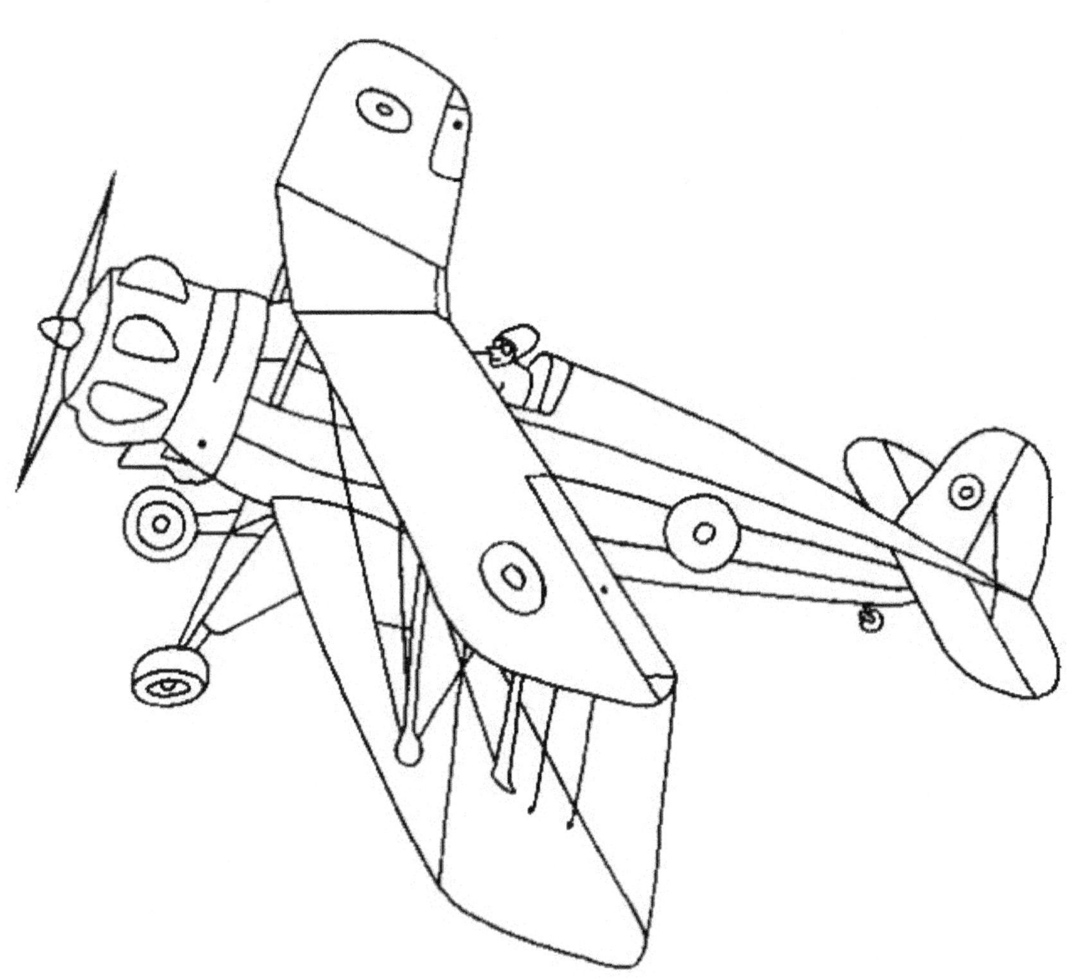

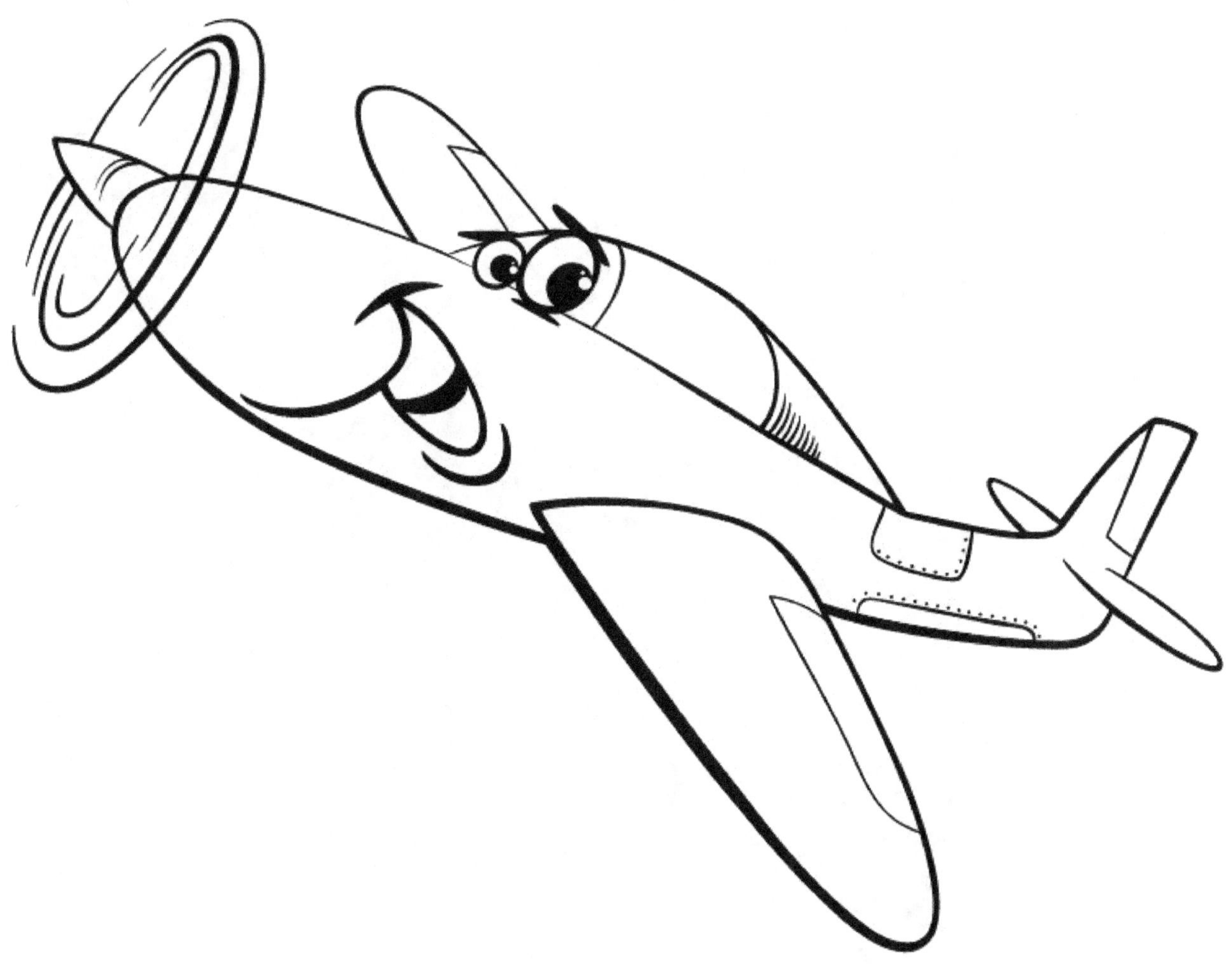

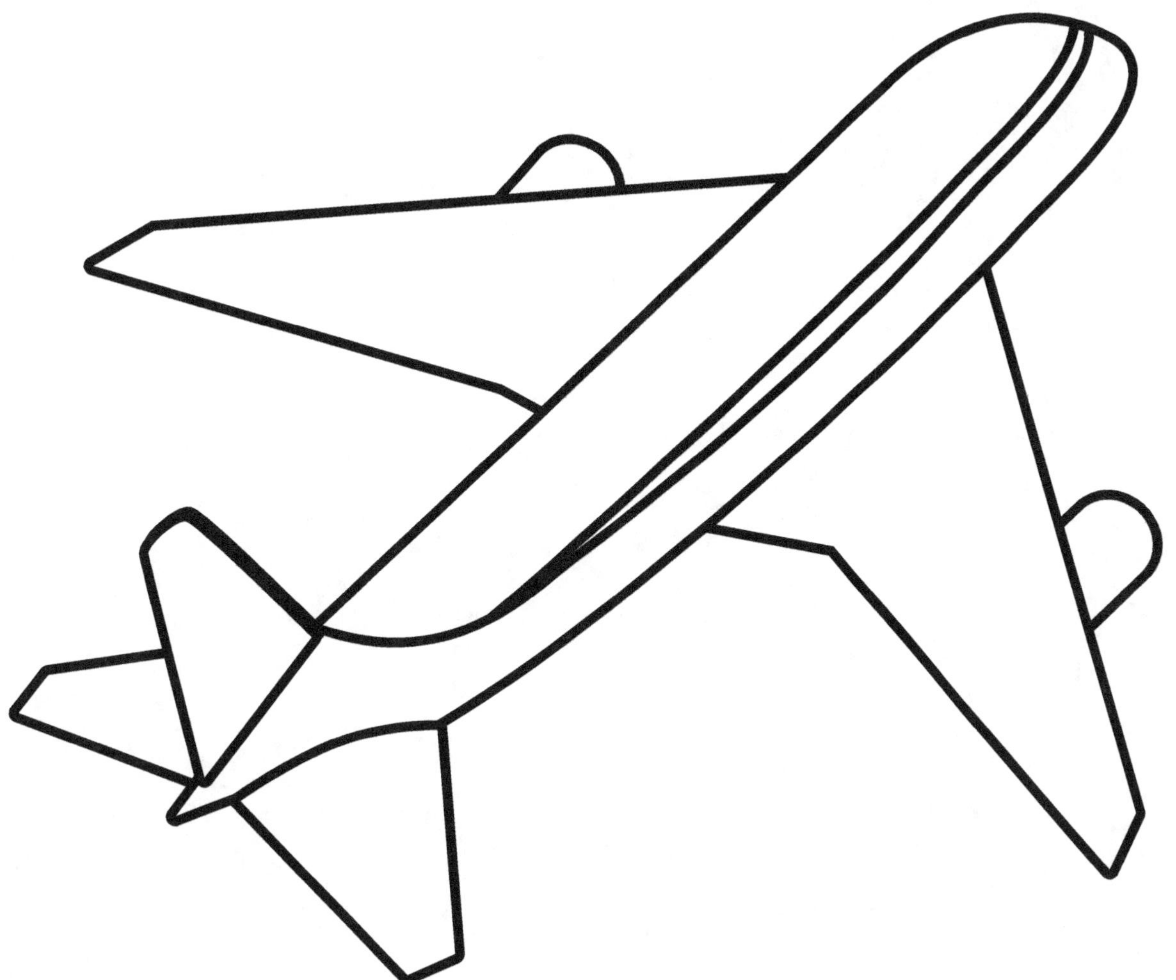

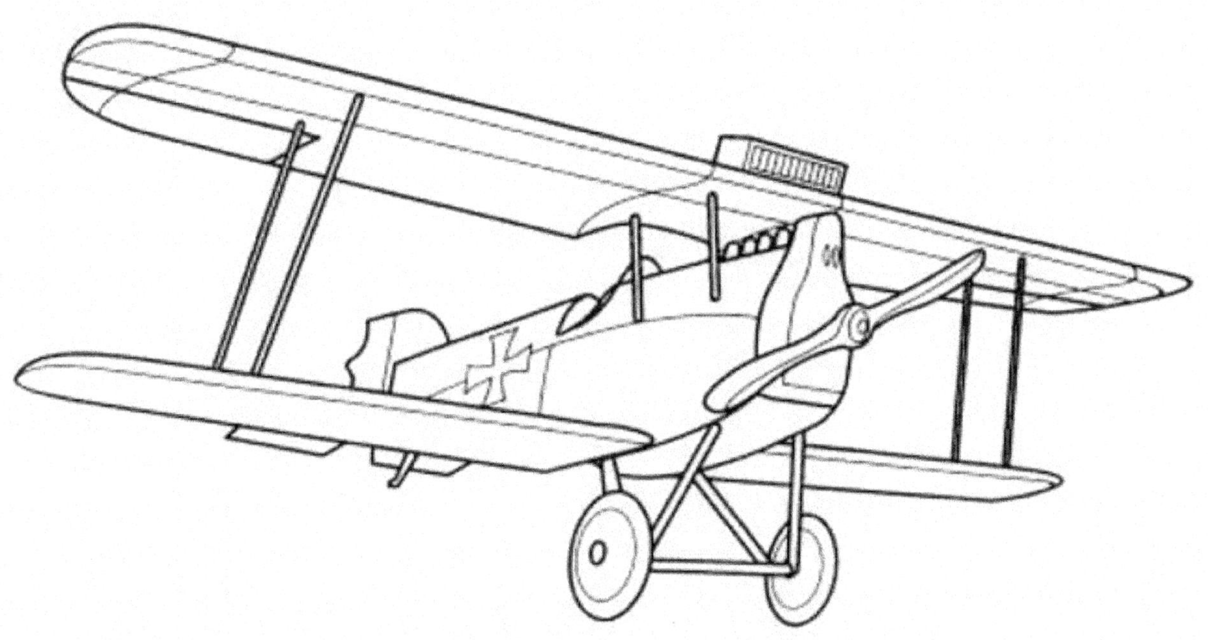

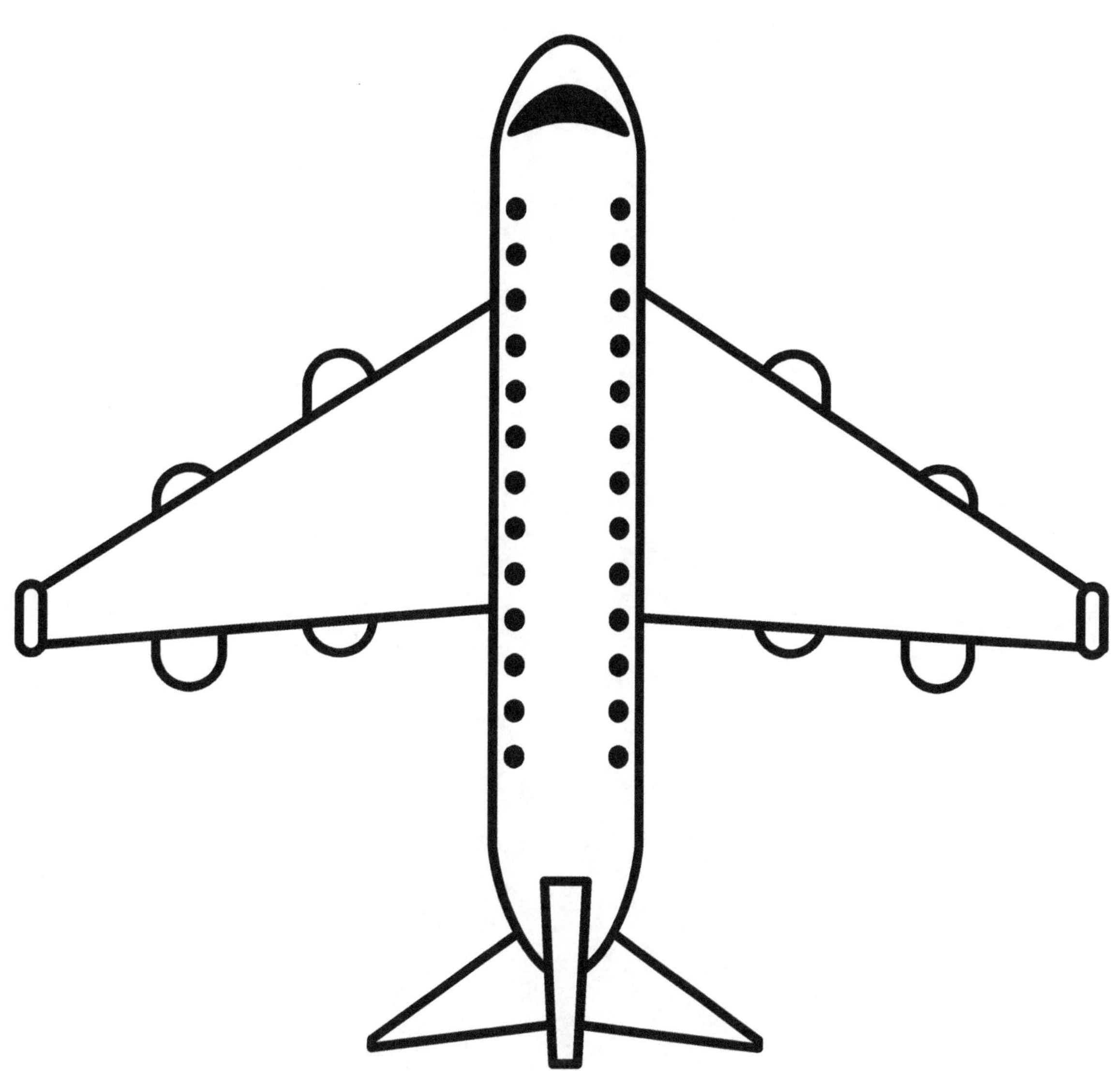